13,20

Musil · Dummheit

Robert Musil
Über die Dummheit

Alexander Verlag
Berlin

ÜBER
DIE DUMMHEIT

VORTRAG
AUF EINLADUNG DES
ÖSTERREICHISCHEN WERKBUNDS
GEHALTEN IN WIEN
AM 11. UND WIEDERHOLT AM 17. MÄRZ 1937

Meine Damen und Herren!

EINER, so sich unterfängt, über die Dummheit zu sprechen, läuft heute Gefahr, auf mancherlei Weise zu Schaden zu kommen; es kann ihm als Anmaßung ausgelegt werden, es kann ihm sogar als Störung der zeitgenössischen Entwicklung ausgelegt werden. Ich selbst habe schon vor etlichen Jahren geschrieben: «Wenn die Dummheit nicht dem Fortschritt, dem Talent, der Hoffnung oder der Verbesserung zum Verwechseln ähnlich sähe, würde niemand dumm sein wollen.» Das ist 1931 gewesen; und niemand wird zu bezweifeln wagen, daß die Welt auch seither noch Fortschritte und Verbesserungen gesehen hat! So entsteht allmählich eine gewisse Unaufschieblichkeit der Frage: Was ist eigentlich Dummheit?

Ich möchte auch nicht außer acht lassen, daß ich als Dichter die Dummheit noch viel länger kenne, könnte ich doch sogar sagen, ich sei manches Mal in kollegialem Verhältnis zu ihr gestanden! Und sobald in der Dichtung ein Mann die Augen aufschlägt, sieht er sich überdies einem kaum beschreiblichen Widerstand gegenüber, der alle Formen annehmen zu können scheint: sei es persönliche, wie etwa die würdige eines Professors der Literaturgeschichte, der, gewohnt, auf unkontrollierbare Entfernungen zu zielen, in der Gegenwart unheilstiftend danebenschießt; sei es luftartig allgemeine, wie die der Umwandlung des kritischen Urteils durch das kaufmännische, seit Gott in seiner uns schwer begreiflichen Güte die Sprache des Menschen auch den Erzeugern von Tonfilmen verliehen hat. Ich habe früher schon ein oder das andere Mal mehr solcher Erscheinungen beschrieben; aber es ist nicht nötig, das zu wiederholen oder zu vervollständigen (und anscheinend wäre es sogar unmöglich angesichts eines Hanges zur Größe, den alles heute hat): es genügt, als sicheres Ergebnis hervorzuheben, daß sich die unkünstlerische Verfassung eines Volkes nicht erst in schlechten Zeiten und auf rüde Weise äußert, sondern auch schon in guten und auf jegliche Weise, so daß Bedrückung und Verbot nur dem Grade nach verschieden sind von Ehrendoktoraten, Akademieberufungen und Preisverteilungen.

Ich habe immer vermutet, daß dieser vielgestaltige Widerstand eines sich der Kunstliebe rühmenden Volkes gegen die Kunst und den feineren Geist nichts als Dummheit sei, vielleicht eine besondere Art davon, eine besondere Kunst- und vielleicht auch Gefühlsdummheit, jedenfalls aber so sich äußere, daß, was wir Schöngeistigkeit nennen, zugleich auch eine Schöndummheit wäre; und ich sehe auch heute nicht gerade viele Gründe, von dieser Auffassung abzugehen. Natürlich läßt sich nicht alles auf die Dummheit schieben, wovon ein so vollmenschliches Anliegen, wie es die Kunst ist, verunstaltet wird; es muß, wie besonders die Erfahrungen der letzten Jahre gelehrt haben, auch für die verschiedenen Arten der Charakterlosigkeit Platz bleiben. Aber nicht dürfte eingewendet werden, daß der Begriff der Dummheit hier nichts zu suchen habe, weil er sich auf den Verstand beziehe, und nicht auf Gefühle, die Kunst hingegen von diesen abhänge. Das wäre ein Irrtum. Selbst der ästhetische *Genuß* ist *Urteil* und Gefühl. Und ich bitte Sie um die Erlaubnis, dieser großen Formel, die ich Kant entlehnt habe, nicht nur die Erinnerung anfügen zu dürfen, daß Kant von einer ästhetischen *Urteils*kraft und einem Geschmacks*urteil* spricht, sondern auch gleich die Antinomien wiederholen zu dürfen, zu denen es führt:

Thesis: das Geschmacksurteil gründet sich nicht auf Begriffe, denn sonst ließe sich darüber disputieren (durch Beweis entscheiden).

Antithesis: Es gründet sich auf Begriffe, denn sonst ließe sich darüber nicht einmal streiten (eine Einstimmung anstreben).

Und nun möchte ich fragen, ob nicht ein ähnliches Urteil mit ähnlicher Antinomie auch der Politik zugrunde liege und dem Wirrsal des Lebens schlechthin? Und darf man nicht, wo Urteil und Vernunft zu Hause sind, auch ihre Schwestern und Schwesterchen, die verschiedenen Weisen der Dummheit, erwarten? So viel über deren Wichtigkeit. Erasmus von

Rotterdam hat in seinem entzückenden und heute noch unverbrauchten «Lob der Torheit» geschrieben, daß ohne gewisse Dummheiten der Mensch nicht einmal auf die Welt käme!

Ein Gefühl von der ebenso schamverletzenden wie gewaltigen Herrschaft der Dummheit über uns legen denn auch viele Menschen an den Tag, indem sie sich freundlich und konspiratorisch überrascht zeigen, sobald sie vernehmen, einer, dem sie Vertrauen schenken, habe vor, dieses Untier beim Namen zu beschwören. Diese Erfahrung habe ich nicht nur anfangs an mir selbst machen können, sondern habe bald auch ihre historische Geltung erfahren, als mir auf der Suche nach Vorgängern in der Bearbeitung der Dummheit – von denen mir auffallend wenige bekannt geworden sind; aber die Weisen ziehen es anscheinend vor, über die Weisheit zu schreiben! – von einem gelehrten Freund der Druck eines im Jahre 1866 gehaltenen Vortrags zugeschickt worden ist, der zum Verfasser Joh. Ed. Erdmann, den Hegelschüler und Hallenser Professor, gehabt hat. Dieser Vortrag, der «Über Dummheit» heißt, beginnt denn gleich damit, daß man schon seine Ankündigung lachend begrüßt habe; und seit ich weiß, daß das sogar einem Hegelianer widerfahren kann, bin ich überzeugt, daß es mit solchem Verhalten der Menschen zu denen, die über Dummheit sprechen wollen, eine besondere Bewandtnis hat, und befinde mich sehr unsicher in der Überzeugung, eine gewaltige und tief zwiespältige psychologische Macht herausgefordert zu haben.

Ich will darum auch lieber gleich meine Schwäche bekennen, in der ich mich ihr gegenüber befinde: ich weiß nicht, was sie ist. Ich habe keine Theorie der Dummheit entdeckt, mit deren Hilfe ich mich unterfangen könnte, die Welt zu erlösen; ja, ich habe nicht einmal innerhalb der Schranken wissenschaftlicher Zurückhaltung eine Untersuchung vorgefunden, die sie zu ihrem Gegenstande gemacht hätte, oder auch nur eine Übereinstimmung, die sich wohl oder übel bei der Behandlung verwandter Dinge in Ansehung ihres Begriffs ergeben hätte. Das mag an meiner Unkenntnis liegen, aber wahrscheinlicher ist es, daß die Frage: Was ist Dummheit? so wenig den heutigen Denkgepflogenheiten entspricht wie die Fragen, was Güte, Schönheit oder Elektrizität seien. Trotzdem zieht der Wunsch, sich diesen Begriff zu bilden und eine solche Vorfrage alles Lebens so nüchtern wie möglich zu beantworten, nicht wenig an; darum bin denn auch ich eines Tags der Frage anheimgefallen, was Dummheit wohl «wirklich» sei, und nicht, wie sie paradiere, was zu beschreiben weit eher meine Berufspflicht und -geschicklichkeit gewesen wäre. Und da ich mir weder auf dichterische Weise helfen wollte, noch es auf wissenschaftliche tun konnte, habe ich es auf das naivste versucht, wie es in solchen Fällen allemal naheliegt, indem ich einfach dem Gebrauch des Wortes dumm und seiner Familie nachging, die üblichsten Beispiele aufsuchte, und was ich gerade aufschrieb, aneinander zu bringen trachtete. Ein solches Verfahren hat leider immer etwas von einer Kohlweißlingsjagd an sich: Was man zu beobachten glaubt, verfolgt man zwar eine Weile, ohne es zu verlieren, aber da aus anderen Richtungen auf ganz gleichen Zickzackwegen auch andere, ganz ähnliche Schmetterlinge herankommen, weiß man bald nicht mehr, ob man noch hinter dem gleichen her sei. So werden also auch die Beispiele aus der Familie Dummheit nicht immer unterscheiden lassen, ob sie noch wirklich urständlich zusammenhängen oder bloß äußerlich und unversehens die Betrachtung vom einen zum andren führen, und es wird nicht ganz einfach sein, sie unter einen Hut zu bringen, von dem sich sagen läßt, er gehöre wirklich zu einem Dummkopf.

Wie man beginnt, ist unter solchen Umständen aber nahezu einerlei, lassen Sie uns also irgendwie beginnen: Am besten wohl gleich bei der Anfangsschwierigkeit, daß jeder, der über Dummheit sprechen oder solchem Gespräch mit Nutzen beiwohnen will, von sich voraussetzen muß, daß er nicht dumm sei; und also zur Schau trägt, daß er sich für klug halte, obwohl es allgemein für ein Zeichen von Dummheit gilt, das zu tun! Geht man nun auf diese Frage ein, warum es als dumm gelte, zur Schau zu tragen, daß man klug sei, so drängt sich zunächst eine Antwort auf, die den Staub von Urväterhausrat an sich zu haben scheint, denn sie meint, es sei vorsichtiger, sich nicht als klug zu zeigen. Es ist wahrscheinlich, daß diese tief mißtrauische, heute aufs erste gar nicht mehr verständliche Vorsicht noch aus Verhältnissen stammt, wo es für den Schwächeren wirklich klüger war, nicht für klug zu gelten: seine Klugheit konnte dem Starken ans Leben gehn! Dummheit hingegen lullt das Mißtrauen ein; sie «entwaffnet», wie noch heutigentags gesagt wird. Spuren solcher alten Pfiffigkeit und Dummlistigkeit finden sich denn auch wirklich noch in Abhängigkeitsverhältnissen, wo die Kräfte so ungleich verteilt sind, daß der Schwächere sein Heil darin sucht, sich dümmer zu stellen als er ist; sie zeigen sich zum Beispiel als sogenannte Bauernschlauheit, dann im Verkehr von Dienstboten mit der bildungszüngigen Herrschaft, im Verhältnis des Soldaten zum Vorgesetzten, des Schülers zum Lehrer und des Kindes zu den Eltern. Es reizt den, der die Macht hat, weniger, wenn der Schwache nicht kann, als wenn er nicht will. Dummheit bringt ihn sogar «in Verzweiflung», also unverkennbar in einen Schwächezustand!

Damit stimmt aufs trefflichste überein, daß ihn die Klugheit leicht «in Harnisch» bringt! Wohl wird sie am Unterwürfigen geschätzt, aber nur so lange, als sie mit bedingungsloser Ergebenheit verbunden ist. In dem Augenblick, wo ihr dieses Leumundszeugnis fehlt und es unsicher wird, ob sie dem Vorteil des Herrschenden dient, wird sie seltener klug genannt als unbescheiden, frech oder tückisch; und es entsteht oft ein Verhältnis, als ginge sie dem Herrschenden mindestens wider die Ehre und Autorität, auch wenn sie ihn nicht wirklich an seiner Sicherheit bedroht. In der Erziehung drückt sich das darin aus, daß ein aufsässiger begabter Schüler mit größerer Heftigkeit behandelt wird als ein aus Dumpfheit widerstrebender. In der Moral hat es zu der Vorstellung geführt, daß ein Wille um so böser sein müsse, je besser das Wissen sei, wider das er handle.

Sogar die Justiz ist von diesem persönlichen Vorurteil nicht ganz unberührt geblieben und beurteilt die kluge Ausführung eines Verbrechens meist mit besonderer Ungunst als «raffiniert» und «gefühlsroh». Und aus der Politik mag sich jeder die Beispiele holen, wo er sie findet.

Aber auch die Dummheit – so wird hier wohl eingewandt werden müssen – vermag zu reizen und besänftigt durchaus nicht unter allen Umständen. Um es kurz zu machen, sie erregt gewöhnlich Ungeduld, sie erregt in ungewöhnlichen Fällen aber auch Grausamkeit; und die Abscheu einflößenden Ausschreitungen dieser krankhaften Grausamkeit, die landläufig als Sadismus bezeichnet werden, zeigen oft genug dumme Menschen in der Rolle des Opfers. Offenbar rührt dies davon her, daß sie den grausamen leichter als andere zur Beute fallen; aber es scheint auch damit zusammenzuhängen, daß ihre nach allen Seiten fühlbare Widerstandslosigkeit die Einbildung wild macht wie der Blutgeruch die Jagdlust und sie in eine Öde verlockt, wo die Grausamkeit beinahe bloß darum «zu weit» geht, weil sie an nichts mehr eine Grenze findet. Das ist ein Zug von Leiden am Leidenbringer selbst, eine Schwäche, die in seine Roheit eingebettet ist; und obwohl die bevorrechtete Empörung des beleidigten Mitgefühls es selten bemerken läßt, so gehören doch auch zur Grausamkeit, wie zur Liebe, zwei, die zueinander passen! Das zu erörtern, wäre nun freilich wichtig genug in einer Menschheit, die von ihrer «feigen Grausamkeit gegen Schwächere» (und so lautet doch wohl auch die gebräuchlichste Begriffsumschreibung des Sadismus) so geplagt ist wie die gegenwärtige; aber in Ansehung des verfolgten Zusammenhangs nach seiner Hauptlinie und beim flüchtigen Einsammeln der ersten Beispiele muß wohl auch das, was davon gesagt worden, schon als Abschweifung gelten, und im ganzen ist davon nicht mehr zu gewinnen, als daß es dumm sein kann, sich klug zu preisen, aber auch nicht immer klug ist, den Ruf der Dummheit zu erwecken. Es läßt sich daran nichts verallgemeinern; oder die einzige Verallgemeinerung, die schon hier zulässig wäre, müßte die sein, daß es das klügste sei, sich in dieser Welt überhaupt so wenig wie möglich bemerkbar zu machen! Und wirklich ist dieser abschließende Strich unter alle Weisheit auch nicht gar selten gezogen worden. Noch öfter aber wird von dem menschenscheuen Ergebnis bloß halber oder nur sinnbildlich-stellvertretender Gebrauch gemacht, und dann führt es die Betrachtung in den Kreis der Bescheidenheitsgebote und noch umfassenderer Gebote ein, ohne daß sie den Bereich der Dummheit und Klugheit ganz zu verlassen hätte.

Sowohl aus Angst, dumm zu erscheinen, als auch aus der, den Anstand zu verletzen, halten sich viele Menschen zwar für klug, sagen es aber nicht. Und wenn sie sich doch gezwungen fühlen, davon zu sprechen, umschreiben sie es, indem sie etwa von sich sagen: «Ich bin *nicht dümmer* als andere.» Noch beliebter ist es, so unbeteiligt und sachlich wie möglich die Bemerkung anzubringen: «Ich darf von mir wohl sagen, daß ich eine normale Intelligenz besitze.» Und manchmal kommt die Überzeugung von der eigenen Klugheit auch hintenherum zum Vorschein, so etwa in der Redensart: «Ich lasse mich nicht dumm machen!» Um so bemerkenswerter ist es, daß sich nicht nur der heimliche einzelne Mensch in seinen Gedanken als überaus klug und wohlausgestattet ansieht, sondern daß auch der geschichtlich wirkende Mensch von sich, sobald er die Macht dazu hat, sagt oder sagen läßt, daß er über alle Maßen klug, erleuchtet, würdig, erhaben, gnädig, von Gott auserlesen und zur Historie berufen sei. Ja, er sagt es auch von einem anderen gern, von dessen Widerspiegelung er sich bestrahlt fühlt. In Titeln und Anreden, wie Majestät, Eminenz, Exzellenz, Magnifizenz,

Gnaden und ähnlichen hat sich das versteint erhalten und ist kaum noch von Bewußtsein beseelt; aber in voller Lebendigkeit zeigt es sich alsogleich wieder, wenn der Mensch heute als Masse spricht. Namentlich ein gewisser unterer Mittelstand des Geistes und der Seele ist dem Überhebungsbedürfnis gegenüber völlig schamlos, sobald er im Schutz der Partei, Nation, Sekte oder Kunstrichtung auftritt und Wir statt Ich sagen darf.

Mit einem Vorbehalt, wie er sich von selbst versteht und beiseite bleiben mag, läßt sich diese Überheblichkeit auch Eitelkeit nennen, und wirklich wird die Seele vieler Völker und Staaten heute von Gefühlen beherrscht, unter denen unleugbar die Eitelkeit einen vordersten Platz einnimmt; zwischen Dummheit und Eitelkeit besteht aber seit alters eine innige Beziehung, und vielleicht gibt sie einen Fingerzeig. Ein dummer Mensch wirkt gewöhnlich schon darum eitel, weil ihm die Klugheit fehlt, es zu verbergen; aber eigentlich bedarf es nicht erst dessen, denn die Verwandtschaft von Dummheit und Eitelkeit ist eine unmittelbare: Ein eitler Mensch erweckt den Eindruck, daß er weniger leistet, als er könnte; er gleicht einer Maschine, die ihren Dampf an einer undichten Stelle entweichen läßt. Der alte Spruch: «Dummheit und Stolz wachsen auf einem Holz» meint nichts als das, ebenso wie der Ausdruck, daß Eitelkeit «verblende». Es ist wirklich die Erwartung einer Minderleistung, was wir mit dem Begriff der Eitelkeit verbinden, denn das Wort «eitel» besagt in seiner Hauptbedeutung beinahe das gleiche wie «vergeblich». Und diese Verminderung der Leistung wird auch dort erwartet, wo in Wahrheit Leistung ist: Eitelkeit und Talent sind ja nicht selten auch miteinander verbunden; aber wir empfangen dann den Eindruck, es könnte noch mehr geleistet werden, hinderte sich der Eitle nicht selbst daran. Diese zäh anhaftende Vorstellung der Leistungsverminderung wird sich später auch als die allgemeinste Vorstellung herausstellen, die wir von Dummheit haben.

Das eitle Verhalten wird aber bekanntlich nicht darum gemieden, weil es dumm sein kann, sondern vornehmlich auch als Störung des Anstands. «Eigenlob stinkt», sagt ein Kernwort, und es bedeutet, daß Großsprecherei, viel von sich selbst zu reden und sich zu rühmen, nicht nur als unklug, sondern auch als unanständig gilt. Wenn ich nicht irre, gehören die davon verletzten Forderungen des Anstands zu den vielgestaltigen Geboten der Zurückhaltung und des Abstandhaltens, die dazu bestimmt sind, den Eigendünkel zu schonen, wobei vorausgesetzt wird, dieser sei in einem anderen nicht geringer als in einem selbst. Solche Distanzgebote richten sich auch gegen den Gebrauch zu offener Worte, regeln Gruß und Anrede, gestatten nicht, daß man einander ohne Entschuldigung widerspreche, oder daß ein Brief mit dem Worte Ich beginne, kurz, sie fordern die Beachtung gewisser Regeln, damit man einander nur nicht «zu nahe trete». Ihre Aufgabe ist es, den Umgang auszugleichen und zu ebnen, die Nächsten- und Eigenliebe zu erleichtern und gleichsam auch eine mittlere Temperatur des menschlichen Verkehrs zu erhalten; und solche Vorschriften finden sich in jeder Gesellschaft vor, in der primitiven sogar noch mehr als in der hochzivilisierten, ja auch die wortlose tierische kennt sie, was sich vielen ihrer Zeremonien leicht ablesen läßt. Im Sinne dieser Distanzgebote ist es aber nicht nur untersagt, sich selbst, sondern auch andere aufdringlich zu loben. Jemand ins Gesicht zu sagen, daß er ein Genie oder ein Heiliger sei, wäre fast ebenso ungeheuerlich, wie es von sich selbst zu behaupten; und sich selbst das Gesicht zu beschmieren und die Haare zu raufen, wäre nach heutigem Gefühl nicht besser, als einen andern zu beschimpfen. Man begnügt sich mit den Bemerkungen, daß man nicht gerade dümmer oder schlechter als andere sei, wie es denn auch vorhin schon erwähnt worden ist!

Es sind offenbar die maßlosen und zuchtlosen Äußerungen, worauf in geordneten Zuständen der Bann ruht. Und so vorhin von der Eitelkeit die Rede war, darin Völker und Parteien sich heute in Ansehung ihrer Erleuchtung überheben, muß jetzt nachgeholt werden, daß die sich auslebende Mehrzahl – geradeso wie der einzelne Größenwahnsinnige in seinen Tagträumen – nicht nur die Weisheit gepachtet hat, sondern auch die Tugend und sich tapfer, edel, unbesieglich, fromm und schön vorkommt; und daß in der Welt besonders ein Hang ist, daß sich die Menschen, wo sie in großer Zahl auftreten, alles gestatten, was ihnen einzeln verboten ist. Diese Vorrechte des groß gewordenen Wir machen heute geradezu den Eindruck, daß die zunehmende Zivilisierung und Zähmung der Einzelperson durch eine im rechten Verhältnis wachsende Entzivilisierung der Nationen, Staaten und Gesinnungsbünde ausgeglichen werden soll; und offenbar tritt darin eine Affektstörung, eine Störung des affektiven Gleichgewichts in Erscheinung, die im Grunde dem Gegensatz von Ich und Wir und auch aller moralischen Bewertung vorangeht. Aber ist das – wird man wohl fragen müssen – noch Dummheit, ja hängt es mit Dummheit auch nur auf irgend eine Art noch zusammen?

Verehrte Zuhörer! Niemand zweifelt daran! Aber lassen Sie uns lieber doch noch vor der Antwort an einem Beispiel, das nicht unliebenswürdig ist, Atem holen! Wir alle, wenn auch vornehmlich wir Männer, und besonders alle bekannten Schriftsteller, kennen die Dame, die uns durchaus den Roman ihres Lebens anvertrauen möchte und deren Seele sich anscheinend immer in interessanten Umständen befunden hat, ohne daß es zu einem Erfolg gekommen wäre, den sie vielmehr erst von uns erwartet. Ist diese Dame dumm? Irgend etwas aus der Fülle der Eindrücke Kommendes pflegt uns zuzuflüstern: Sie ist es! Aber die Höflichkeit wie auch die Gerechtigkeit erfordern die Einräumung, daß sie es nicht durchaus und immer ist. Sie spricht viel von sich, und sie spricht überhaupt viel. Sie urteilt sehr bestimmt und über alles. Sie ist eitel und unbescheiden. Sie belehrt uns oft. Sie ist gewöhnlich mit ihrem Liebesleben nicht in Ordnung, und überhaupt glückt ihr das Leben nicht so recht. Aber gibt es denn nicht andere Arten von Menschen, auf die alles oder das meiste davon auch zutrifft? Viel von sich zu sprechen, ist beispielsweise auch eine Unart der Egoisten, der Unruhigen und sogar einer Art von Schwermütigen. Und alles zusammen trifft vornehmlich auf die Jugend zu; bei der es geradezu unter die Wachstumserscheinungen gehört, viel von sich zu sprechen, eitel zu sein, belehrend und mit dem Leben nicht recht in Ordnung, mit einem Wort, genau die gleichen Abweichungen von Klugheit und Anstand aufzuweisen, ohne daß sie deshalb dumm wäre oder dümmer, als es auf natürliche Weise dadurch bedingt ist, daß sie – eben noch nicht klug geworden ist!

Meine Damen und Herrn! Die Urteile des täglichen Lebens und seiner Menschenkunde treffen eben wohl meistens zu, gewöhnlich aber auch noch daneben. Sie sind nicht um einer richtigen Lehre willen entstanden, sondern stellen eigentlich bloß geistige Zustimmungs- und Abwehrbewegungen dar. Auch dieses Beispiel lehrt also nur, daß etwas dumm sein kann, aber es nicht sein muß, daß die Bedeutung mit der Verbindung wechselt, in der etwas auftritt, und daß die Dummheit dicht verwoben mit anderem ist, ohne daß irgendwo der Faden hervorstünde, der das Gewebe in einem Zug auftrennen läßt. Sogar die Genialität und die Dummheit hängen unlöslich zusammen, und daß es, bei Androhung der Strafe, für dumm zu gelten, verboten ist, viel zu reden und viel von sich zu reden, wird von der Menschheit auf eigentümliche Weise umgangen: durch den Dichter. Er darf im Namen der Menschlichkeit erzählen, daß es ihm geschmeckt hat, oder daß die Sonne am Himmel steht, darf sich selbst offenbaren, Geheimnisse ausplaudern, Geständnisse machen, rücksichtslos persönliche Rechenschaft ablegen (wenigstens halten viele Dichter darauf!); und alles das sieht ganz so aus, als ob sich die Menschheit da in einer Ausnahme etwas gestattete, was sie sich sonst verböte. Sie spricht auf diese Weise unablässig von sich selbst und hat mit Hilfe des Dichters die gleichen Geschichten und Erlebnisse schon millionenmal erzählt, bloß die Umstände abwandelnd, ohne daß irgendein Fortschritt und Sinnesgewinn für sie hervorgekommen wäre: sollte sie da, im Gebrauch, den sie von ihrer Dichtung macht, und in deren Anpassung an diesen Gebrauch, nicht am Ende auch der Dummheit verdächtig sein? Ich, für meine Person, halte das keineswegs für unmöglich!

Zwischen den Anwendungsbereichen der Dummheit und der Unmoral – letzteres Wort in dem heute nicht üblichen weiteren Sinn verstanden, der beinahe das gleiche wie Ungeistigkeit, aber nicht wie Unverständigkeit, ist – besteht jedenfalls eine verwickelte Identität und Verschiedenheit. Und dieses Zusammengehören ist ohne Zweifel ähnlich, wie es Joh.

Ed. Erdmann an einer bedeutenden Stelle seines vorhin erwähnten Vortrags mit den Worten ausgedrückt hat, daß die Roheit «die Praxis der Dummheit» sei. Er sagte: «Worte sind... nicht die einzige Erscheinung eines Geisteszustandes. Derselbe offenbart sich auch in Handlungen. So auch die Dummheit. Das Dumm- nicht nur sein, sondern handeln, das Dummheiten begehen» – also die Praxis der Dummheit – «oder die Dummheit in Action, nennen wir Rohheit.» Diese gewinnende Behauptung lehrt nun nicht weniger, als daß Dummheit ein Gefühlsfehler sei – denn Roheit ist doch einer! Und das führt geradeswegs in die Richtung jener «Affektstörung» und «Störung des affektiven Gleichgewichts» zurück, die andeutungsweise schon erwähnt werden konnte, ohne daß sie eine Erklärung gefunden hätte. Auch die in Erdmanns Worten liegende Erklärung kann mit der Wahrheit nicht ganz übereinstimmen, denn abgesehen davon, daß sie bloß auf den rohen, ungeschliffenen einzelnen Menschen im Gegensatz zur «Bildung» gezielt hat und keineswegs alle Anwendungsformen der Dummheit umfaßt, ist doch auch die Roheit nicht bloß eine Dummheit, und die Dummheit nicht bloß eine Roheit, und es bleibt darum an dem Verhältnis von Affekt und Intelligenz, wenn sie sich zur «angewandten Dummheit» vereinen, noch manches zu erklären, das erst, und am besten wohl wieder an Beispielen, hervorgekehrt werden muß.

Sollen dabei die Umrisse des Begriffes der Dummheit richtig hervortreten, ist es vor allem anderen nötig, das Urteil zu lockern, daß die Dummheit bloß oder vornehmlich ein Mangel an Verstand sei; wie denn auch schon erwähnt worden ist, daß die allgemeinste Vorstellung, die wir von ihr haben, die des Versagens bei den verschiedensten Tätigkeiten, die des körperlichen und geistigen Mangels schlechthin zu sein scheint. Es gibt dafür in unseren heimischen Mundarten ein ausdrucksvolles Beispiel, die Bezeichnung der Schwerhörigkeit, also eines körperlichen Fehlers, mit dem Worte «derisch» oder «terisch», das wohl «törisch» heißt und damit der Dummheit nahe steht. Denn genau so wie da wird der Vorwurf der Dummheit volksmäßig auch sonst gebraucht. Wenn ein Wettkämpfer im entscheidenden Augenblick nachläßt oder einen Fehler begeht, sagt er nachher: «Ich bin wie vernagelt gewesen!» oder: «Ich weiß nicht, wo ich meinen Kopf gehabt hab'!», obgleich der Anteil des Kopfes am Schwimmen oder Boxen immerhin als unscharf begrenzt gelten darf. Ebenso wird unter Knaben und Sportbrüdern einer, der sich ungeschickt anstellt, dumm heißen, auch wenn er ein Hölderlin ist. Auch gibt es geschäftliche Verhältnisse, unter denen ein Mensch, der nicht listig und gewissenlos ist, als dumm gilt. Alles in allem sind das die Dummheiten zu älteren Klugheiten als der, die heute öffentlich in Ehren steht; und wenn ich gut unterrichtet bin, sind in der altgermanischen Zeit nicht nur die moralischen Vorstellungen, sondern auch die Begriffe von dem, was kundig, erfahren, weise ist, also die intellektuellen Begriffe in Beziehung zu Krieg und Kampf gestanden. So hat jede Klugheit ihre Dummheit, und sogar die Tierpsychologie hat in ihren Intelligenzprüfungen herausgefunden, daß sich jedem «Typus von Leistung» ein «Typus von Dummheit» zuordnen lasse.

Wollte man darum einen allgemeinsten Begriff der Klugheit suchen, so ergäbe sich aus diesen Vergleichen etwa der Begriff der Tüchtigkeit, und alles, was untüchtig ist, könnte dann gelegentlich auch dumm heißen; in Wirklichkeit ist es auch dann so, wenn die zu einer Dummheit gehörende Tüchtigkeit nicht wörtlich als Klugheit angesprochen wird. Welche Tüchtigkeit dabei im Vordergrund steht und zu einer Zeit den Begriff der Klugheit und

Dummheit mit ihrem Inhalt erfüllt, hängt von der Form des Lebens ab. In Zeiten persönlicher Unsicherheit werden sich List, Gewalt, Sinnesschärfe und körperliche Geschicklichkeit im Begriff der Klugheit ausprägen, in Zeiten vergeistigter – mit den leider nötigen Einschränkungen läßt sich auch sagen: – bürgerlicher Lebensgesinnung tritt die Kopfarbeit an ihre Stelle. Richtiger gesagt, es sollte das die höhere Geistesarbeit tun, aber im Gang der Dinge ist daraus das Übergewicht der Verstandesleistung geworden, das der geschäftigen Menschheit in das leere Gesicht unter der harten Stirn geschrieben steht; und so ist es gekommen, daß heute Klugheit und Dummheit, als könnte es gar nicht anders sein, bloß auf den Verstand und die Grade seiner Tüchtigkeit bezogen werden, obwohl das mehr oder minder einseitig ist.

Die mit dem Worte dumm von Ursprung verbundene allgemeine Vorstellung der Untüchtigkeit – sowohl in der Bedeutung der Untüchtigkeit zu allem als auch in der Bedeutung jeder beliebigen Untüchtigkeit – hat denn auch eine recht eindrückliche Folge, nämlich die, daß «dumm» und «Dummheit», weil sie die generelle Unfähigkeit bedeuten, gelegentlich für jedes Wort einspringen können, das eine besondere bezeichnen soll. Das ist einer der Gründe, warum der gegenseitige Vorwurf der Dummheit heute so ungeheuerlich verbreitet ist. (In andrem Zusammenhang auch die Ursache davon, daß sich der Begriff so schwer abgrenzen läßt, wie unsere Beispiele gezeigt haben.) Man sehe sich die Bemerkungen an, die sich an den Rändern anspruchsvollerer Romane vorfinden, die längere Zeit im fast anonymen Leihbüchereiverkehr gestanden sind; hier, wo der Leser mit dem Dichter allein ist, drückt sich sein Urteil mit Vorliebe in dem Worte «dumm!» aus oder in dessen Äquivalenten, wie «blöd!», «Unsinn!», «unaussprechliche Dummheit!» und ähnlichem. Und ebenso sind das die ersten Worte der Empörung, wenn der Mensch in Theateraufführungen oder Bilderausstellungen gegen den Künstler in Masse auftritt und Anstoß nimmt. Auch des Wortes «Kitsch» wäre hier zu gedenken, das als erstes Urteil unter Künstlern selbst so beliebt ist wie kein anderes; ohne daß sich aber, wenigstens meines Wissens nicht, sein Begriff bestimmen und seine Verwendbarkeit erklären ließe, es sei denn durch das Zeitwort «verkitschen», das in mundartlichem Gebrauch soviel besagt wie «unter dem Preis abgeben» oder «verschleudern». «Kitsch» hat also die Bedeutung von zu billiger oder Schleuderware und ich glaube wohl, daß sich dieser Sinn, natürlich ins Geistige übertragen, jedesmal unterlegen läßt, wo das Wort unbewußt richtig gebraucht wird.

Da Schleuderware, Kram hauptsächlich nach der mit ihnen verbundenen Bedeutung von untüchtiger, untauglicher Ware in das Wort eingehen, die Untüchtigkeit und Untauglichkeit aber auch die Grundlage für den Gebrauch des Wortes dumm bildet, ist es kaum eine Übertreibung zu behaupten, daß wir geneigt sind, alles, was uns nicht recht ist – zumal wenn wir es, abgesehen davon, als hoch- oder schöngeistig zu achten vorgeben ! – als «irgendwiedumm» anzusprechen. Und zur Bestimmung dieses «Irgendwie» ist es bedeutsam, daß der Gebrauch der Dummheitsausdrücke innig durchdrungen wird von einem zweiten, der die ebenso unvollkommenen Ausdrücke für das Gemeine und sittlich Widerwärtige umfaßt, was den Blick zu etwas zurückleitet, das ihm schon einmal aufgefallen ist, zu der Schicksalsgemeinschaft der Begriffe «dumm» und «unanständig». Denn nicht nur «Kitsch», der ästhetische Ausdruck intellektueller Herkunft, sondern auch die moralischen Worte «Dreck!», «widerlich!», «scheußlich!», «krankhaft!», «frech!» sind kernhaft-unentwickelte Kunstkritiken und Urteile über das Leben. Vielleicht enthalten diese Ausdrücke aber noch eine geistige Anstrengung, einen Unterschied an Bedeutung, auch wenn sie unterschiedslos benutzt werden; dann springt als letztes für sie der wirklich schon halb sprachlose Ausruf «Solch eine Gemeinheit!» ein, der alles andere ersetzt und sich mit dem Ausruf «Solch eine Dummheit!» in die Herrschaft der Welt zu teilen vermag. Denn offenbar ist es so, daß diese beiden Worte gelegentlich für alle anderen einspringen können, weil «dumm» die Bedeutung der generellen Untüchtigkeit und «gemein» die der generellen Sittenverletzung angenommen hat; und belauscht man, was Menschen heute über einander sagen, so scheint es, daß das Selbstporträt der Menschheit, wie es unbeaufsichtigt aus gegenseitigen Gruppenaufnahmen entsteht, durchaus nur aus den Abwandlungen dieser beiden mißfarbenen Worte gemischt ist!

Vielleicht lohnt es sich, darüber nachzudenken. Sonder Zweifel stellen sie beide die unterste Stufe eines nicht zur Ausbildung gelangenden Urteils, eine noch völlig ungegliederte Kritik dar, die wohl fühlt, etwas sei falsch, aber nicht anzugeben vermag, was. Der Gebrauch dieser Worte ist der schlichteste und der schlechteste abwehrende Ausdruck, der sich finden läßt, er ist der Anfang einer Erwiderung und schon auch ihr Ende. Das hat etwas von einem «Kurzschluß» an sich und wird besser verständlich, wenn berücksichtigt wird, daß Dumm und Gemein, was immer sie bedeuten mögen, auch als Schimpfworte benutzt werden. Denn die Bedeutung von Schimpfworten liegt bekanntlich nicht so sehr an ihrem Inhalt als an ihrem Gebrauch; und viele unter uns mögen die Esel lieben, werden aber beleidigt sein, wenn man sie einen nennt. Das Schimpfwort vertritt nicht, was es vorstellt, sondern ein Gemisch von Vorstellungen, Gefühlen und Absichten, das es nicht im mindesten auszudrücken, sondern nur zu signalisieren vermag. Nebenbei bemerkt, ist ihm das mit den Mode- und Fremdworten gemeinsam, weshalb solche unentbehrlich erscheinen, auch wenn sie sich vollkommen ersetzen ließen. Aus diesem Grunde ist an Schimpfworten auch etwas unvorstellbar Aufregendes, das wohl mit ihrer Absicht übereinstimmt, aber nicht mit ihrem Inhalt; und am deutlichsten zeigt sich das vielleicht an den Hänsel- und Neckworten der Jugend: ein Kind kann «Busch!» oder «Moritz!» sagen und damit ein anderes auf Grund geheimer Beziehungen in Raserei versetzen.

Was sich so von den Schimpf-, Neck-, Mode- und Fremdworten sagen läßt, läßt sich aber auch von den Witz-, Schlag- und Liebesworten sagen; und das Gemeinsame aller dieser, sonst so ungleichartigen, Worte ist es, daß sie im Dienst eines Affekts stehn und daß es gerade ihre Ungenauigkeit und ihre Unsachlichkeit sind, was sie im Gebrauch befähigt, ganze Bereiche besser zutreffender, sachlicher und richtiger Worte zu verdrängen. Offenbar besteht im Leben manchmal ein Bedürfnis danach, und sein Wert soll ihm gelassen werden; aber dumm, sozusagen die gleichen Wege wandelnd wie die Dummheit, ist es ohne Zweifel, was in solchen Fällen geschieht; dieser Zusammenhang läßt sich am deutlichsten an einem Haupt- und Staatsbeispiel der Kopflosigkeit, an der Panik studieren. Wenn etwas auf einen Menschen einwirkt, das zu stark für ihn ist, sei es ein jäher Schreck oder ein anhaltender seelischer Druck, so kommt es vor, daß dieser Mensch plötzlich «etwas Kopfloses» tut. Er kann zu brüllen beginnen, im Grunde nicht anders, als es ein Kind macht, kann «blindlings» vor einer Gefahr davonlaufen oder sich ebenso blindlings in die Gefahr stürzen, eine berstende Neigung zum Zerstören, zum Schimpfen oder zum Jammern kann ihn erfassen. Alles in allem wird er an Stelle einer zweckmäßigen Handlung, die von seiner Lage gefordert würde, eine Fülle anderer hervorbringen, die scheinbar immer, allzu oft aber auch wirklich zwecklos, ja zweckwidrig sind.

Man kennt diese Art des Widerspiels am besten durch den «panischen Schreck»; aber wenn das Wort nicht zu eng verstanden wird, läßt sich auch von Paniken der Wut, der Gier und sogar der Zärtlichkeit sprechen, wie denn auch überall dort, wo sich ein Aufregungszustand auf eine ebenso lebhafte wie blinde und sinnlose Weise nicht genugtun kann. Daß es eine Panik der Tapferkeit gebe, die sich von der der Angst bloß durch die umgekehrte Wirkungsrichtung unterscheide, ist von einem ebenso geistvollen wie tapferen Manne bereits längst bemerkt worden.

Psychologisch wird das, was sich beim Eintreten einer Panik abspielt, als ein Aussetzen der Intelligenz, und überhaupt der höheren geistigen Artung, angesehen, an deren Stelle älteres seelisches Getriebe zum Vorschein kommt; aber es darf wohl hinzugefügt werden, daß mit der Lähmung und Abschnürung des Verstandes in solchen Fällen nicht sowohl ein Hinabsinken zum instinktiven Handeln vor sich geht als vielmehr eines, das durch diesen Bereich hindurch bis zu einem Instinkt der letzten Not und einer letzten Notform des Handelns führt. Diese Handlungsweise hat die Form völliger Verwirrung, sie ist planlos und scheinbar von der Vernunft wie von jedem rettenden Instinkt verlassen; aber ihr unbewußter Plan ist der, die Qualität der Handlungen durch deren Zahl zu ersetzen, und ihre nicht geringe List beruht auf der Wahrscheinlichkeit, daß sich unter hundert blinden Versuchen, die Nieten sind, auch ein Treffer findet. Ein Mensch in seiner Kopflosigkeit, ein Insekt, das so lange gegen die geschlossene Fensterhälfte stößt, bis es durch Zufall bei der geöffneten ins Freie «stürzt», sie tun in Verwirrung nichts anderes, als es mit berechnender Überlegung die Kriegstechnik tut, wenn sie ein Ziel mit einer Feuergarbe oder mit Streufeuer «eindeckt», ja schon wenn sie ein Schrapnell oder eine Granate anwendet.

Mit anderen Worten heißt das, ein gezieltes Handeln durch ein voluminöses vertreten zu lassen, und nichts ist so menschlich, wie die Beschaffenheit von Worten oder Handlungen durch deren Menge zu ersetzen. Nun ist an dem Gebrauch undeutlicher Worte aber etwas sehr dem Gebrauch vieler Worte Ähnliches, denn je undeutlicher ein Wort ist, um so größer ist der Umfang dessen, worauf es bezogen werden kann; und von der Unsachlichkeit gilt das gleiche. Sind diese dumm, so ist Dummheit durch sie mit dem Zustand der Panik verwandt, und auch der übermäßige Gebrauch dieses Vorwurfs und seinesgleichen wird einem seelischen Rettungsversuch mit archaisch-primitiven – und, wie wohl mit Recht gesagt werden kann, krankhaften – Methoden nicht allzu fern stehen. Und wirklich läßt sich an dem rechten Gebrauch des Vorwurfs, etwas sei wahrhaftig eine Dummheit oder eine Gemeinheit, nicht nur ein Aussetzen der Intelligenz erkennen, sondern auch die blinde Neigung zum sinnlosen Zerstören oder Flüchten. Diese Worte sind nicht nur Schimpfworte, sondern sie vertreten einen ganzen Schimpfanfall. Wo etwas bloß noch durch sie ausgedrückt werden kann, ist die Tätlichkeit nahe. Auf früher erwähnte Beispiele zurückzukommen, Bilder werden in solchen Fällen mit Regenschirmen angegriffen (noch dazu an Stelle dessen, der sie gemalt hat), Bücher werden, als ließen sie sich so entgiften, zur Erde geschleudert. Aber auch der entmächtigende Druck ist vorhanden, der dem vorangeht und von dem es befreien soll: man «erstickt fast» an seinem Ärger; «kein Wort genügt», außer eben den allgemeinsten und sinnärmsten; es bleibt einem «die Sprache weg», man muß sich «Luft schaffen». Das ist der Grad der Sprachlosigkeit, ja Gedankenlosigkeit, der dem Zerbersten vorangeht! Er bedeutet einen schweren Zustand der Unzulänglichkeit, und schließlich wird der Ausbruch dann gewöhnlich mit den tief durchsichtigen Worten eingeleitet, daß einem «endlich etwas *zu* dumm geworden» sei. Dieses Etwas ist man aber selbst. In Zeiten, wo große, zupackende Tatkraft sehr geschätzt wird, ist es notwendig, sich auch an das zu erinnern, was ihr manchmal zum Verwechseln ähnlich sieht.

Meine Damen und Herren! Man spricht heute vielfach von einer Vertrauenskrisis der Humanität, einer Krisis des Vertrauens, das bis jetzt noch in die Menschlichkeit gesetzt wird; sie ließe sich auch eine Panik nennen, die im Begriffe ist, an die Stelle der Sicherheit zu treten, daß wir imstande seien, unsere Angelegenheiten in Freiheit und mit Vernunft zu führen. Und wir dürfen uns nicht darin täuschen, daß diese beiden sittlichen, und auch sittlich-künstlerischen Begriffe, Freiheit und Vernunft, die als Wahrzeichen der Menschenwürde aus dem klassischen Zeitalter der deutschen Weltbürgerlichkeit auf uns gekommen sind, schon seit der Mitte des neunzehnten Jahrhunderts oder einem wenigen später nicht mehr so ganz bei Gesundheit gewesen sind. Sie sind allmählich «außer Kurs» gekommen, man hat nichts mehr mit ihnen «anzufangen» gewußt, und daß man sie einschrumpfen ließ, ist weniger der Erfolg ihrer Gegner als der ihrer Freunde gewesen. Wir dürfen uns also auch nicht darin täuschen, daß wir, oder die nach uns, wohl nicht zu diesen unveränderten Vorstellungen zurückkehren werden; unsere Aufgabe, und der Sinn der dem Geist auferlegten Prüfungen, wird es vielmehr sein – und das ist die so selten begriffene schmerzlich-hoffnungsvolle Aufgabe eines jeden Zeitgeschlechts – den immer nötigen, ja sehr erwünschten Übergang zum Neuen mit möglichst geringen Verlusten zu vollziehen! Und um so mehr, als man den Übergang auf bewahrend-veränderte Ideen, der zur rechten Zeit stattfinden muß, verabsäumt hat, bedarf man bei solchem Tun helfender Vorstellungen von dem, was wahr, vernünftig, bedeutend, klug, und also in verkehrter Spiegelung auch von dem, was dumm ist. Welcher Begriff oder Teilbegriff der Dummheit läßt sich aber bilden, wenn der des Verstandes und der Weisheit wankt? Wie sehr sich die Anschauungen mit den Zeiten ändern, dafür möchte ich als ein kleines Beispiel bloß anführen, daß in einem ehedem sehr bekannten psychiatrischen Lehrbuch die Frage: «Was ist Gerechtigkeit?» und die Antwort darauf: «Daß der *andere* bestraft wird!» als ein Fall von Imbezillität angeführt werden, wogegen sie heute die Grundlage einer viel erörterten Rechtsauffassung bilden. Ich fürchte also, daß sich selbst die bescheidensten Ausführungen nicht werden abschließen lassen, ohne auf einen von zeitlichen Wandlungen unabhängigen Kern wenigstens hinzudeuten. So ergeben sich noch einige Fragen und Bemerkungen.

Ich habe kein Recht, als Psychologe aufzutreten, und will es auch nicht tun, aber wenigstens einen flüchtigen Blick in diese Wissenschaft zu werfen, ist wohl das erste, wovon man sich in unserem Fall Hilfe erhoffen wird. Die ältere Psychologie hat zwischen Empfindung, Wille, Gefühl und Vorstellungsvermögen oder Intelligenz unterschieden, und für sie ist es klar gewesen, daß Dummheit ein geringer Grad von Intelligenz sei. Die heutige Psychologie hat die elementare Unterscheidung der Seelenvermögen aber ihrer Wichtigkeit entkleidet, hat die gegenseitige Abhängigkeit und Durchdringung der verschiedenen Leistungen der Seele erkannt und – hat damit die Antwort auf die Frage, was Dummheit psychologisch bedeute, viel weniger einfach gemacht. Es gibt natürlich eine bedingte Selbständigkeit der Verstandesleistung auch nach heutiger Auffassung, doch sind dabei selbst in den ruhigsten Verhältnissen Aufmerksamkeit, Auffassung, Gedächtnis und anderes, ja beinahe alles, was dem Verstand angehört, wahrscheinlich auch von den Eigenschaften des Gemüts abhängig; wozu dann überdies noch im bewegten Erleben ebenso wie im durchgeistigten eine zweite Durchdringung von Intelligenz und Affekt kommt, die schier unlöslich ist. Und diese Schwierigkeit, Verstand und Gefühl im Begriff der Intelligenz auseinanderzuhalten, spiegelt sich natürlich auch im Begriff der Dummheit wider; und wenn zum Beispiel von der medizinischen Psychologie das Denken geistesschwacher Menschen mit Worten beschrieben wird wie: arm, ungenau, unfähig der Abstraktion, unklar, langsam, ablenkbar, oberflächlich, einseitig, steif, umständlich, überbeweglich, zerfahren, so läßt sich ohneweiters erkennen, daß diese Eigenschaften teils auf den Verstand, teils auf das Gefühl hinweisen. Man darf also wohl sagen: Dummheit und Klugheit hängen sowohl vom Verstand als auch vom Gefühl ab; und ob das eine oder das andere mehr, ob zum Beispiel bei der Imbezillität die Schwäche der Intelligenz «im Vordergrund steht» oder bei manchem angesehenen moralischen Rigoristen die Lahmheit des Gefühls, das mag den Fachleuten überlassen bleiben, indes wir Laien uns auf etwas freiere Weise behelfen müssen.

Im Leben versteht man unter einem dummen Menschen gewöhnlich einen, der «ein bißchen schwach im Kopf» ist. Außerdem gibt es aber auch die verschiedenartigsten geistigen und seelischen Abweichungen, von denen selbst eine unbeschädigt eingeborene Intelligenz so behindert und durchkreuzt und irregeführt werden kann, daß es im ganzen auf etwas hinausläuft, wofür dann die Sprache wieder nur das Wort Dummheit zur Verfügung hat. Dieses Wort umfaßt also zwei im Grunde sehr verschiedene Arten: eine ehrliche und schlichte Dummheit und eine andere, die, ein wenig paradox, sogar ein Zeichen von Intelligenz ist. Die erstere beruht eher auf einem schwachen Verstand, die letztere eher auf einem Verstand, der bloß im Verhältnis zu irgend etwas zu schwach ist, und diese ist die weitaus gefährlichere.

Die ehrliche Dummheit ist ein wenig schwer von Begriff und hat, was man eine «lange Leitung» nennt. Sie ist arm an Vorstellungen und Worten und ungeschickt in ihrer Anwendung. Sie bevorzugt das Gewöhnliche, weil es sich ihr durch seine öftere Wiederholung fest einprägt, und wenn sie einmal etwas aufgefaßt hat, ist sie nicht geneigt, es sich so rasch wieder nehmen zu lassen, es analysieren zu lassen oder selbst daran zu deuten. Sie hat überhaupt nicht wenig von den roten Wangen des Lebens! Zwar ist sie oft unbestimmt in ihrem Denken, und die Gedanken stehen ihr vor neuen Erfahrungen leicht ganz still, aber dafür hält sie sich auch mit Vorliebe an das sinnlich Erfahrbare, das sie gleichsam an den Fingern abzählen kann. Mit einem Wort, sie ist die liebe «helle Dummheit», und wenn sie nicht manchmal auch so leichtgläubig, unklar und zugleich so unbelehrbar wäre, daß es einen zur Verzweiflung bringen kann, so wäre sie eine überaus anmutige Erscheinung.

Ich mag mir nicht versagen, diese Erscheinung noch mit einigen Beispielen auszuzieren, die sie auch von anderen Seiten zeigen und die ich Bleulers Lehrbuch der Psychiatrie entnommen habe: Ein Imbeziller drückt, was wir mit der Formel «Arzt am Krankenbett» abtäten, mit den Worten aus: «Ein Mann, der hält dem andern die Hand, der liegt im Bett, dann steht da eine Nonne.» Es ist die Ausdrucksweise eines malenden Primitiven! Eine nicht ganz klare Magd betrachtet es als schlechten Scherz, wenn man ihr zumutet, sie solle ihr Erspartes der Kasse übergeben, wo es Zinsen trage: So dumm werde niemand sein, ihr noch etwas dafür zu bezahlen, daß er ihr das Geld aufbewahre! gibt sie zur Antwort; und es drückt sich darin eine ritterliche Gesinnung aus, ein Verhältnis zum Geld, das man vereinzelt noch in meiner Jugend an vornehmen alten Leuten hat wahrnehmen können! Einem dritten Imbezillen endlich wird es symptomatisch aufgeschwärzt, daß er behauptet, ein Zweimarkstück sei weniger wert als ein Markstück und zwei halbe, denn – so lautet seine Begründung: man müsse es wechseln, und dann bekäme man zu wenig heraus! Ich hoffe, nicht der einzige Imbezille in diesem Saal zu sein, der dieser Werttheorie für Menschen, die beim Wechseln nicht aufpassen können, herzlich zustimmt!

Um aber nochmals auf das Verhältnis zur Kunst zurückzukehren, die schlichte Dummheit ist wirklich oft eine Künstlerin. Statt auf ein Reizwort mit einem andern Wort zu erwidern, wie es in manchen Experimenten einstens sehr üblich war, gibt sie gleich ganze Sätze zur Antwort, und man mag sagen, was man will, diese Sätze haben etwas wie Poesie in sich! Ich wiederhole, indem ich zuerst das Reizwort nenne, einige von solchen Antworten:

«Anzünden: Der Bäcker zündet das Holz an.

Winter: Besteht aus Schnee.

Vater: Der hat mich einmal die Treppe hinuntergeworfen.

Hochzeit: Dient zur Unterhaltung.

Garten: In dem Garten ist immer schön Wetter.

Religion: Wenn man in die Kirche geht.

Wer war Wilhelm Tell: Man hat ihn im

Wald gespielt; es waren verkleidete Frauen und Kinder dabei.

Wer war Petrus: Er hat dreimal gekräht.»

Die Naivität und große Körperlichkeit solcher Antworten, der Ersatz höherer Vorstellungen durch das Erzählen einer einfachen Geschichte, das wichtige Erzählen von Überflüssigem, von Umständen und Beiwerk, dann wieder das abkürzende Verdichten wie in dem Petrus-Beispiel, das sind uralte Praktiken der Dichtung; und wenn ich auch glaube, daß ein Zuviel davon, wie es recht in Schwang ist, den Dichter dem Idioten annähert, so ist doch auch das Dichterische in diesem nicht zu verkennen, und es fällt ein Licht darauf, daß der Idiot in der Dichtung mit einer eigentümlichen Freude an seinem Geist dargestellt werden kann.

Zu dieser ehrlichen Dummheit steht nun die anspruchsvolle höhere in einem wahrhaft nur zu oft schreienden Gegensatz. Sie ist nicht sowohl ein Mangel an Intelligenz als vielmehr deren Versagen aus dem Grunde, daß sie sich Leistungen anmaßt, die ihr nicht zustehen; und sie kann alle schlechten Eigenschaften des schwachen Verstandes an sich haben, hat aber außerdem auch noch alle die an sich, die ein nicht im Gleichgewicht befindliches, verwachsenes, ungleich bewegliches, kurz, ein jedes Gemüt verursacht, das von der Gesundheit abweicht. Weil es keine «genormten» Gemüter gibt, drückt sich, richtiger gesagt, in dieser Abweichung ein ungenügendes Zusammenspiel zwischen den Einseitigkeiten des Gefühls und einem Verstand aus, der zu ihrer Zügelung nicht hinreicht. Diese höhere Dummheit ist die eigentliche Bildungskrankheit (aber um einem Mißverständnis entgegenzutreten: sie bedeutet Unbildung, Fehlbildung, falsch zustande gekommene Bildung, Mißverhältnis zwischen Stoff und Kraft der Bildung), und sie zu beschreiben, ist beinahe eine unendliche Aufgabe. Sie reicht bis in die höchste Geistigkeit; denn ist die echte Dummheit eine stille Künstlerin, so die intelligente das, was an der Bewegtheit des Geisteslebens, vornehmlich aber an seiner Unbeständigkeit und Ergebnislosigkeit mitwirkt. Schon vor Jahren habe ich von ihr geschrieben: «Es gibt schlechterdings keinen bedeutenden Gedanken, den die Dummheit nicht anzuwenden verstünde, sie ist allseitig beweglich und kann alle Kleider der Wahrheit anziehen. Die Wahrheit dagegen hat jeweils nur ein Kleid und einen Weg und ist immer im Nachteil.» Die damit angesprochene Dummheit ist keine Geisteskrankheit, und doch ist sie die lebensgefährlichste, die dem Leben selbst gefährliche Krankheit des Geistes.

Wir sollten sie gewiß jeder schon in uns verfolgen, und nicht erst an ihren großen geschichtlichen Ausbrüchen erkennen. Aber woran sie erkennen? Und welches unverkennbare Brandmal ihr aufdrücken?! Die Psychiatrie benutzt heute als Hauptkennzeichen für die Fälle, die sie angehen, die Unfähigkeit, sich im Leben zurechtzufinden, das Versagen vor allen Aufgaben, die es stellt, oder auch plötzlich vor einer, wo es nicht zu erwarten wäre. Auch in der experimentellen Psychologie, die es vornehmlich mit dem Gesunden zu tun hat, wird die Dummheit ähnlich definiert. «Dumm nennen wir ein Verhalten, das eine Leistung, für die alle Bedingungen bis auf die persönlichen gegeben sind, nicht vollbringt», schreibt ein bekannter Vertreter einer der neuesten Schulen dieser Wissenschaft. Dieses Kennzeichen der Fähigkeit sachlichen Verhaltens, der Tüchtigkeit also, läßt für die eindeutigen «Fälle» der Klinik oder der Affenversuchsstation nichts zu wünschen übrig, aber die frei herumlaufenden «Fälle» machen einige Zusätze nötig, weil das richtige oder falsche «Vollbringen der Leistung» bei ihnen nicht immer so einleuchtend ist. Erstens liegt doch in der Fähigkeit, sich allezeit so zu verhalten, wie es ein lebenstüchtiger Mensch unter gegebenen Umständen tut, schon die ganze höhere Zweideutigkeit der Klugheit und Dummheit, denn das «sachgemäße», «sachkundige» Verhalten kann die Sache zum persönlichen Vorteil benutzen oder ihr dienen, und wer das eine tut, pflegt den, der das andre tut, für dumm zu halten. (Aber medizinisch dumm ist eigentlich nur, wer weder das eine noch das andere kann.) Und zweitens läßt sich auch nicht leugnen, daß ein unsachliches Verhalten, ja sogar ein unzweckmäßiges, oft notwendig sein kann, denn Objektivität und Unpersönlichkeit, Subjektivität und Unsachlichkeit haben Verwandtschaft miteinander, und so lächerlich die unbeschwerte Subjektivität ist, so lebens-, ja denkunmöglich ist natürlich ein völlig objektives Verhalten; beides auszugleichen, ist sogar eine der Hauptschwierigkeiten unserer Kultur. Und schließlich wäre auch noch einzuwenden, daß sich gelegentlich keiner so klug verhält, wie es nötig wäre, daß jeder von uns also, wenn schon nicht immer, so doch von Zeit zu Zeit dumm ist. Es ist darum auch zu unterscheiden zwischen Versagen und Unfähigkeit, gelegentlicher oder funktioneller und beständiger oder konstitutioneller Dummheit, zwischen Irrtum und Unverstand. Es gehört das zum wichtigsten, weil die Bedingungen des Lebens heute so sind, so unübersichtlich, so schwer, so verwirrt, daß aus den gelegentlichen Dummheiten der einzelnen leicht eine konstitutionelle der Allgemeinheit werden kann. Das führt die Beobachtung also schließlich auch aus dem Bereich persönlicher Eigenschaften hinaus zu der Vorstellung einer mit geistigen Fehlern behafteten Gesellschaft. Man kann zwar, was psychologisch-real im Individuum vor sich geht, nicht auf Sozietäten übertragen, also auch nicht Geisteskrankheiten und Dummheit, aber man dürfte heute wohl vielfach von einer «sozialen Imitation geistiger Defekte» sprechen können; die Beispiele dafür sind recht aufdringlich.

Mit diesen Zusätzen ist der Bereich der psychologischen Erklärung natürlich wieder überschritten worden. Sie selbst lehrt uns, daß ein kluges Denken bestimmte Eigenschaften hat, wie Klarheit, Genauigkeit, Reichtum, Löslichkeit trotz Festigkeit und viele andere, die sich aufzählen ließen; und daß diese Eigenschaften zum Teil angeboren sind, zum Teil neben den Kenntnissen, die man sich aneignet, auch als eine Art Denkgeschicklichkeit erworben werden; bedeuten doch ein guter Verstand und ein geschickter Kopf so ziemlich das gleiche. Hiebei ist nichts zu überwinden als Trägheit und Anlage, das läßt sich auch schulen, und das komische Wort «Denksport» drückt nicht einmal so übel aus, worauf es ankommt.

Die «intelligente» Dummheit hat dagegen nicht sowohl den Verstand als vielmehr den Geist zum Widerpart, und wenn man sich darunter nicht bloß ein Häuflein Gefühle vorstellen will, auch das Gemüt. Weil sich Gedanken und Gefühle gemeinsam bewegen, aber auch weil sich in ihnen der gleiche Mensch ausdrückt, lassen sich Begriffe wie Enge, Weite, Beweglichkeit, Schlichtheit, Treue auf das Denken wie auf das Fühlen anwenden; und mag der daraus entstehende Zusammenhang selbst noch nicht ganz klar sein, so genügt es doch, um sagen zu können, daß zum Gemüt auch Verstand gehört und daß unsere Gefühle nicht außer Verbindung mit Klugheit und Dummheit sind. Gegen diese Dummheit ist durch Vorbild und Kritik zu wirken.

Die damit vorgetragene Auffassung weicht von der üblichen Meinung ab, die durchaus nicht falsch, wohl aber äußerst einseitig ist und nach der ein tiefes, echtes Gemüt des Verstandes nicht brauchte, ja durch ihn bloß verunreinigt würde. Die Wahrheit ist, daß an schlichten Menschen gewisse wertvolle Eigenschaften, wie Treue, Beständigkeit, Reinheit des Fühlens und ähnliche ungemischt hervortreten, aber das doch eigentlich nur tun, weil der Wettbewerb der anderen schwach ist; und ein Grenzfall davon ist uns vorhin im Bilde des freundlich zusagenden Schwachsinns zu Gesicht gekommen. Nichts liegt mir ferner, als das gute, rechtschaffene Gemüt mit diesen Ausführungen erniedrigen zu wollen – sein Fehlen hat sogar geziemlichen Anteil an der höheren Dummheit! – aber noch wichtiger ist es heute, ihm den Begriff des Bedeutenden voranzusetzen, was ich freilich nur noch gänzlich utopischerweise erwähne.

Das Bedeutende vereint die Wahrheit, die wir an ihm wahrnehmen können, mit den Eigenschaften des Gefühls, die unser Vertrauen haben, zu etwas Neuem, zu einer Einsicht, aber auch zu einem Entschluß, zu einem erfrischten Beharren, zu irgend etwas, das geistigen *und* seelischen Gehalt hat und uns oder anderen ein Verhalten «zumutet»; so ließe sich sagen, und was im Zusammenhang mit der Dummheit das wichtigste ist, das Bedeutende ist an der Verstandes- wie an der Gefühlsseite der Kritik zugänglich. Das Bedeutende ist auch der gemeinsame Gegensatz von Dummheit und Roheit, und das allgemeine Mißverhältnis, worin heute die Affekte die Vernunft zerdrücken, statt sie zu beflügeln, schmilzt im Begriff der Bedeutung zu. Genug von ihm, ja vielleicht schon mehr, als zu verantworten sein möchte! Denn sollte noch etwas hinzugefügt werden müssen, so könnte es nur das eine sein, daß mit allem Gesagten durchaus noch kein sicheres Erkennungs- und Unterscheidungszeichen des Bedeutenden gegeben ist und daß wohl auch nicht leicht ein ganz genügendes gegeben werden könnte. Gerade das führt uns aber auf das letzte und wichtigste Mittel gegen die Dummheit: auf die Bescheidung.

Gelegentlich sind wir alle dumm; wir müssen gelegentlich auch blind oder halbblind handeln, oder die Welt stünde still; und wollte einer aus den Gefahren der Dummheit die Regel ableiten: «Enthalte dich in allem des Urteils und des Entschlusses, wovon du nicht genug verstehst!», wir erstarrten! Aber diese Lage, von der heute recht viel Aufhebens gemacht wird, ist ähnlich einer, die uns auf dem Gebiet des Verstandes längst vertraut ist. Denn weil unser Wissen und Können unvollendet ist, müssen wir in allen Wissenschaften im Grunde voreilig urteilen, aber wir bemühen uns und haben es erlernt, diesen Fehler in bekannten Grenzen zu halten und bei Gelegenheit zu verbessern, wodurch doch wieder Richtigkeit in unser Tun kommt. Nichts spricht eigentlich dagegen, dieses exakte und stolzdemütige Urteilen und Tun auch auf andere Gebiete zu übertragen; und ich glaube, der Vorsatz: Handle, so gut du kannst und so schlecht du mußt, und bleibe dir dabei der

Fehlergrenzen deines Handelns bewußt! wäre schon der halbe Weg zu einer aussichtsvollen Lebensgestaltung.

Aber ich bin mit diesen Andeutungen schon eine Weile am Ende meiner Ausführungen, die, wie ich schützend vorgekehrt habe, nur eine Vorstudie bedeuten sollen. Und ich erkläre mich, den Fuß auf der Grenze, außerstande, weiterzugehen; denn einen Schritt über den Punkt, wo wir halten, hinaus, und wir kämen aus dem Bereich der Dummheit, der selbst theoretisch noch abwechslungsreich ist, in das Reich der Weisheit, eine öde und im allgemeinen gemiedene Gegend.

Zweite Auflage 1987
Alexander Verlag GmbH, Berlin
Lizenzausgabe mit freundlicher Genehmigung der
Rowohlt Verlag GmbH, entnommen
aus Robert Musil, GESAMMELTE WERKE,
herausgegeben von Adolf Frisé,
© 1978 by Rowohlt Verlag GmbH, Reinbek bei Hamburg
Satz und Druck: Poeschel & Schulz-Schomburgk, Eschwege
Bindung: Buchbinderei Ludwig Fleischmann, Fulda
Printed in Germany 1987
ISBN 3-923854-15-3